Martin Klein

Drache Schulze
und der oberfiese König Schmidt

Mit Bildern von Markus Grolik

Ravensburger Buchverlag

Bibliografische Information der Deutschen Nationalbibliothek:

Die Deutsche Nationalbibliothek verzeichnet diese Publikation
in der Deutschen Nationalbibliografie.
Detaillierte bibliografische Daten sind im Internet
über http://dnb.d-nb.de abrufbar.

1 2 3   17 16 15

Ravensburger Leserabe
© 2015 Ravensburger Buchverlag Otto Maier GmbH
Postfach 18 60, 88188 Ravensburg
Umschlagbild: Markus Grolik
Umschlagkonzeption: Anne Seele
Printed in Germany
ISBN 978-3-473-36457-2

www.ravensburger.de
www.leserabe.de

Inhalt

Die letzten Dracheneier 8

Klein-Schulze und Bengalo 17

Leben im Versteck 26

Gefahr 37

Der letzte Drachenkampf 48

Lesespaß für dich & mich

Mit Comics kann man nicht Lesen lernen? Kann man doch! Und zwar ganz einfach:

Die langen Texte werden von einem erfahrenen Leser vorgelesen.

Die Texte in den Sprechblasen sind für Leseanfänger.

Damit man nicht durcheinanderkommt, sind die Texte für Leseanfänger mit farbigen Balken am Rand markiert.

Wie jedes Buch wird auch dieses Buch von links nach rechts und von oben nach unten gelesen. Ist doch klar wie Kloßbrühe, oder? Natürlich kann der Leseanfänger auch einen Teil der langen Texte übernehmen, wenn ihm die Sprechblasen nicht reichen.

Mit diesem Buch könnt ihr ganz nach Lust und Laune gemeinsam lesen!

Die letzten Dracheneier

Das Königreich Schmidtchen ist ziemlich klein. Es besteht aus einer bescheidenen Burg mit einem nicht besonders hohen Turm, einem Dorf unterhalb der königlichen Gemäuer und einem einigermaßen tiefen Wald, der beide umgibt.
Das Königreich wird vom Rest der Welt meist übersehen, deshalb ist es in keinem Lexikon und auf keiner Landkarte zu finden, nicht einmal bei Wikipedia und Google Maps. Und doch hat es in Schmidtchen vor langer Zeit einmal etwas ganz Besonderes gegeben:

Die Könige von Schmidtchen hießen seit jeher Schmidt und alle gingen sie auf Drachenjagd. König Schmidt der Erste hatte einst damit begonnen, König Schmidt der Zweite hatte weitergemacht, König Schmidt der Dritte erst recht – und so weiter.

Nun gab es aber in Schmidtchen keine natürlichen Drachenvorkommen. Dafür war das Land viel zu klein und es ist bekannt, dass auch in großen Ländern kaum frei lebende Drachen hausten. Solche Tiere waren auf der ganzen Welt immer schon so selten zu finden gewesen wie Yetis oder Seeungeheuer.

Die Drachen von Schmidtchen stammten alle aus der Zucht der Drachenhändlerfamilie Schulze. Die erste erfolgreiche Drachenaufzucht gelang einst Dragon Schulze A zur Regierungszeit von König Schmidt dem Ersten. Woher er die Dracheneier hatte, weiß bis zum heutigen Tage niemand. Bestimmt kommt aber eines Tages ein Forscher und findet es heraus.

Dragon Schulze B hatte mit der Drachenzucht weitergemacht und Dragon Schulze C erst recht – und so weiter. Um die Übersicht über ihre Familie zu behalten, benannten sich die Schulzes nach Buchstaben in der Reihenfolge des Alphabets. Zahlen durften für so etwas nur Könige und Päpste benutzen und das ist bis zum heutigen Tag so geblieben.

Die Drachenzucht war ein sehr gutes Geschäft.

Und so wurden unzählige Lindwürmer erst aufgezogen, dann ans Königshaus verkauft und anschließend in den Wald gescheucht. Die Schmidt-Könige kauften jeden Lindwurm, egal ob er groß oder klein, dick oder dünn und schön oder hässlich war. Denn je mehr Drachen im Wald hausten, desto häufiger konnten die Könige ihrer tödlichen Leidenschaft nachgehen und sich damit brüsten.

Die Drachenhändler und die Könige dachten, so würde es immer weitergehen.
Aber da irrten sie sich.
Denn die Schmidts betrieben die Drachenjagd so gründlich, dass die Schulzes mit der Drachenzucht kaum noch hinterherkamen. Zu viele Drachen wurden zu schnell gejagt, und zu wenige Drachen hatten Zeit zum Eierlegen. Mit jedem neuen König Schmidt gab es weniger Lindwürmer und jeder neue Händler Schulze verkaufte weniger Drachen als sein Vorgänger. Schließlich sagten sich im Wald nur noch Fuchs und Hase Gute Nacht und die Eichhörnchen spielten mit Eicheln Volleyball.

Mittlerweile war König Schmidt der Zweiundzwanzigste an der Reihe, das Land zu regieren. Am Tag seiner Krönung übernahm auch ein neuer Drachenhändler das Geschäft seines Vaters: Dragon Schulze U ging in den Ruhestand und Dragon Schulze V übernahm das Geschäft. Er hatte einen Sohn namens Baltasar.

Enttäuscht schauten der neue Drachenhändler Dragon Schulze V und Baltasar auf den gesamten Lagerbestand. Sie wussten, dass das Drachengeschäft schon lange nicht mehr gut lief, aber dass es so schlecht darum stand, hatten sie nicht geahnt. Wie sollte es weitergehen?

Nachdenklich nahm Schulze V die „Zeitung für königliche Drachenlieferanten" und suchte dort nach Rat. Sie landete seit vielen Jahren täglich im Briefkasten der Schulzes und enthielt viele gute Tipps in Sachen Drachenzucht. Auch Baltasar las gern darin. Diesmal hielt sein Vater jedoch die letzte Ausgabe in den Händen.

Schulze V legte seufzend die Zeitung weg.
„Die Drachen sind noch nicht ganz ausgestorben. Zwei Eier haben wir noch!"
„Aber das darf niemand wissen!", rief Baltasar. „Diese Drachen brauchen unseren Schutz! Wir werden sie niemals verkaufen!"

Baltasar war entschlossen, die allerletzte Drachenbrut um jeden Preis zu schützen.
Mit der Drachenjagd musste einfach ein für alle Mal Schluss sein! Niemals durften die Jungdrachen, die aus den Eiern schlüpfen würden, der schrecklichen Leidenschaft des Königs geopfert werden!
Baltasars Vater nickte bedächtig. Er sah ein, dass es höchste Zeit war, den Beruf zu wechseln. Schulze V griff zum Tintenfass und schrieb dem frisch gekrönten König Schmidt dem Zweiundzwanzigsten einen Brief:

> Werter Herrscher Schmidt 22.,
> ich bin ab jetzt Ziegenzüchter.
> Viele Grüße
> *Schulze*
> (ehemaliger Drachenhändler)

Vorsichtig nahm Baltasar die beiden letzten Dracheneier, bettete sie sachte auf weiches Stroh und ließ sie nicht mehr aus den Augen.

Klein-Schulze und Bengalo

König Schmidt der Zweiundzwanzigste hatte eine wundervolle Königin und eine liebreizende Tochter an seiner Seite. Königin Schmidt kochte gern und gut, jedenfalls so lange ihr Mann anschließend den Abwasch erledigte, und Prinzessin Amelie war immer gut gelaunt. Sie spielte mit ihrem Papa gern Fangen und Fechten und beim Bogenschießen zielte sie besser als der König.

Neben seiner tollen Familie hatte der König auch noch einen schönen Blick vom Turm der Burg über sein gesamtes Königreich. Wenn er genau hinschaute, sah er über die Burgmauern Eidechsen huschen. Auf dem Hang darunter grasten die königlichen Ziegen und meckerten ihm freundlich zu.

Mäh, mäh, mäh!*

*Guten Morgen, König Schmidt!

Alles war im Grunde bestens und hätte so bleiben können, wenn – ja, wenn Amelies Papa nach seiner Krönung nur bereit gewesen wäre, auf die Drachenjagd zu verzichten.

Aber das kam für König Schmidt überhaupt nicht infrage.

Seiner Meinung nach gehörte die Drachenjagd zu den Herrschern Schmidtchens wie der Name Schmidt, und obendrein war ein Herrscher ohne Lindwurm-Pirsch für ihn dasselbe wie ein König ohne Krone.

Deshalb wurde König Schmidt der Zweiundzwanzigste stinkwütend, als er den Brief von Schulze V erhielt.

Nun gab es also keinen Drachenhändler mehr im Land. Aber König Schmidt der Zweiundzwanzigste war trotzdem überzeugt davon, dass irgendwo in Schmidtchen noch ein paar bislang übersehene Drachen hausten.

Denn wo Drachen leben, riecht es wie eine ganz besondere Mischung aus Ziegenstall und Feuerstelle, und genau diese Geruchsmischung erschnupperte der König ständig in seinem Land.

Amelie erklärte ihrem Vater immer wieder trotzig, dass der Duft in seiner Nase mit Drachen nichts zu tun habe. Schließlich lebten unterhalb der Burg die königlichen Ziegen und rochen ganz ähnlich – so wie Ziegen eben riechen. Und in der Burgküche qualmte stets ein Feuer im Kamin.

Aber König Schmidt ließ sich nicht beirren. Er war vollkommen sicher: Irgendwo in seinem Königreich trieben sich immer noch Drachen herum. Was ein echter König Schmidt war, der konnte sehr wohl noch zwischen Kamin- und Drachenfeuer unterscheiden, ebenso gut wie zwischen Ziegen- und Drachenduft!

> Sieh das endlich ein, Papa! In Schmidtchen gibt's keine Drachen mehr!

> Oh doch, Tochter! Das sagt mir meine königliche Spürnase!

> Papa, die Schulzes haben keine Drachen mehr!

> Und wenn schon! Irgendwo verstecken sich die Biester!

Spätestens nach dieser Bemerkung ihres Vaters wandte Amelie sich stets ab. Sonst wäre ihr vielleicht noch herausgerutscht: „Aber du findest sie nie! Dafür sorgen Baltasar und ich!"

Baltasar Schulze und Prinzessin Amelie waren nämlich nicht nur beste Freunde, sondern sie teilten auch das größte Geheimnis von ganz Schmidtchen:

Amelie und Baltasar mochten die beiden vom ersten Moment an sehr.

Umgekehrt war das genauso. Die zwei Jungdrachen liebten Baltasar und Amelie von der ersten Sekunde ihres Lebens an, so ähnlich wie Kinder ihre Eltern.

Der größere der beiden Drachen hieß Bengalo. Er war ein echter Lindwurm, ziemlich unhöflich, wild und obendrein ein talentierter Feuerdrache.

Durch die Nüstern stieß er in einem fort Rauchwolken aus, und schon an seinem ersten Geburtstag konnte er die Kerze auf dem Geburtstagskuchen selbst entzünden.

Bengalos Bruder war das Gegenteil eines typischen Drachen. Er war klein und zierlich, seine Schuppen waren fast so zart wie ein Hasenfell und er hatte noch nie Feuer gespuckt, nicht einmal ein Zündholzflämmchen.

Amelie und den Schulzes fiel kein richtiger Drachenname für ihn ein. Deshalb nannten sie ihn einfach Klein-Schulze, und allen gefiel der Name so gut, dass es dabei blieb. Klein-Schulze hörte gern Geschichten, am liebsten welche über Prinzessinnen, über Ballett und über Freunde, die sich gut verstehen.

Bengalo und Klein-Schulze waren Geschwister, und so wie andere Geschwister auch, kamen sie manchmal gut miteinander aus und manchmal nicht.

Und wenn es darauf ankam, hielten sie zusammen.

Leben im Versteck

Amelie und Baltasar sorgten dafür, dass König Schmidt nichts von Bengalo und Klein-Schulze erfuhr.
Das war nicht einfach.
König Schmidt ging schließlich weiterhin im Wald auf die Jagd und die beiden Jungdrachen durften ihm dabei auf keinen Fall über den Weg laufen.
Nun ist es aber unmöglich, Drachen Tag und Nacht in der Stube zu halten. Drachen sind einfach keine richtigen Haustiere. Wenn Bengalo zu lange eingesperrt war, begann er das Wohnzimmer auseinanderzunehmen.
Er kämpfte mit Sesseln, zerbiss Schuhe und kokelte Tischdecken und Vorhänge an.

Die beiden Drachen brauchten täglich Auslauf.
Zum Glück hatte König Schmidt der Zweiundzwanzigste die Angewohnheit, jeden Tag nach dem Essen zwei Stunden Mittagsschlaf zu halten. Sobald der König schnarchte, hisste Amelie auf dem Burgturm die Fahne mit dem Wappen Schmidtchens. Kaum erspähte Baltasar dieses Zeichen seiner Freundin, öffnete er die Pforten des Schulze-Hauses und Bengalo und Klein-Schulze stürmten hinaus.

Bengalo war wild darauf, den Wald zu erkunden, und auch Klein-Schulze liebte frische Luft und war wie alle Drachen von Natur aus neugierig.

Normalerweise weht auf einer Burg ständig die Flagge des Königreichs. Amelies Vater war es aber peinlich, dass er der erste König Schmidtchens war, der noch keinen einzigen Drachen erlegt hatte. Deshalb schwor er, dass die Fahne erst wieder im Wind flattern sollte, wenn ihm das endlich gelungen war – und von nichts anderem träumte König Schmidt bei jeder täglichen Mittagsruhe. Sobald sein grimmiges Schnarchen verstummte, holte Amelie die Fahne wieder ein, und Baltasar scheuchte die beiden Drachen mithilfe seines Vaters ins Haus zurück. Doch das wurde mit der Zeit immer schwieriger.

Bengalo und Klein-Schulze zeigten immer weniger Lust, am Nachmittag wieder im Haus zu verschwinden. Draußen wärmte die Sonne wohlig ihre Drachenkörper und es roch verheißungsvoll nach unbekannten Abenteuern.
Schließlich hatten Baltasar und Amelie eine Idee, wie sie die Zeit im Freien für ihre Schützlinge verlängern konnten.

Wenn König Schmidt nach seinem Mittagsschlaf erwachte, machte er sich nicht sogleich auf die Pirsch, sondern pflegte erst in seinem Königsgemach vor dem Fenster zu sitzen und die Aussicht auf sein Königreich zu genießen. Dabei liebte er es, eine Tasse Kräutertee zu trinken, um für die Jagd richtig fit zu werden.

Schmidtchens Stiere sind tolle Tiere!

Lange ging alles gut. Baltasar, Amelie, Bengalo und
Klein-Schulze waren ein eingespieltes Team:
Fahne hoch, Drachen raus, Fahne runter, Tarnung her,
König raus, Drachen rein.
Immer wieder gelang es den Kindern, die Drachen rechtzeitig zu verstecken, und König Schmidt suchte wieder und wieder vergeblich.

Jedes Mal wenn König Schmidt erfolglos wieder nach
Hause kam, hatte er ausgesprochen schlechte Laune.
Ganz ohne Drachen macht eben auch die eifrigste
Drachenjagd auf die Dauer keinen Spaß.

Amelies Vater gab trotzdem nicht auf. Aber es blieb ihm nicht verborgen, dass seine Untertanen nicht so jubelten, wie es sich gehört, wenn man seinen König bei der Drachenjagd antrifft. König Schmidt fand, dass er mehr Anerkennung dafür verdient hatte, wie unermüdlich er den garstigen Lindwürmern trotz ihrer dreisten Abwesenheit auf der Spur blieb.

Stattdessen machten die Schmidts, wie die Einwohner Schmidtchens seit jeher genannt wurden, hinter vorgehaltener Hand merkwürdige Geräusche, sobald ihr Herrscher mit leicht angerostetem Schwert auf dem Weg in den Wald an ihnen vorbeiritt.

König Schmidt erwiderte dann ein wenig säuerlich „Gesundheit" und „Jaja" und setzte seinen Weg fort.
Er fand es albern, dass die Leute niesten, sobald sie ihren König trafen, und es machte seine schlechte Laune nicht gerade besser.

Eines Tages traf der König auf dem Weg zum Einkaufen Baltasar Schulze. Plötzlich hatte er wieder diesen Geruch in der Nase, der ihn ganz unruhig machte. Der Sohn des ehemaligen Drachenhändlers Dragon Schulze V roch wie eine Mischung aus Ziegenstall und Feuerstelle.
König Schmidt wunderte das nicht, schließlich war das Schulze-Haus jahrhundertelang ein Drachenzentrum gewesen, und dort, wo einmal Drachen gelebt haben, steckt der Geruch danach so fest wie ein alter Baum in der Erde.

Wütend stapfte König Schmidt davon, ohne sich noch einmal umzudrehen. Die Begegnung mit Baltasar hatte ihn so nervös gemacht, dass er zum ersten Mal seit Jahren mittags keine Lust zum Schlafen hatte.
Statt das königliche Schlafgemach aufzusuchen, begab er sich sogleich zum Aussichtsfenster. Er schaute über sein Reich und dachte angestrengt nach.

Gefahr

Amelie war schon fast dabei, wie gewohnt die Fahne zu hissen, als sie gerade noch rechtzeitig bemerkte, dass etwas Entscheidendes fehlte, und das war das Schnarchen des Königs.
Was hatte das zu bedeuten?
Hatten die Anti-Schnarch-Kräuter, die die Königin ihm seit vielen Jahren verabreichte, etwa zum ersten Mal geholfen?
Nein, das Bett ihres Vaters war leer. Beunruhigt eilte Amelie ins Wohnzimmer. Ihr Vater stand am Fenster und spähte wachsam ins Land.
Das musste sie sofort ändern. Schelmisch schob Amelie ihrem Vater die Krone über die Augen.

Zur selben Zeit spähte Baltasar aus dem Fenster des Schulzehauses zum Burgturm und wartete ungeduldig auf das Fahnenzeichen. Neben ihm standen Bengalo und Klein-Schulze und wurden mit jeder Sekunde unruhiger.

Vielleicht war Amelie ausnahmsweise auch mal eingeschlafen? Oder sie wollte zuerst schnell Hausaufgaben machen? Oder sie hatte das Fahnenhissen einfach vergessen?

Bengalo versengte schon eine Gardine und sogar Klein-Schulze begann zum ersten Mal im Haus etwas kaputt zu machen: Er biss Löcher in den Teppich.
„Na los, raus mit euch!", brummte Baltasar, öffnete die Tür und die Drachen rasten los.

Oben auf der Burg traute König Schmidt seinen Augen nicht. Was war das? Da hinten auf der Wiese zwischen Dorf und Waldrand? Ein Feuerstoß! Von einem giftgrünen Tier. Der König atmete auf. Endlich war es so weit!

Amelie versuchte gar nicht erst, ihren Vater aufzuhalten. Stattdessen rannte sie in neuer Bestzeit die Turmtreppe hoch und hisste die Notfall-Fahne.

Baltasar stürzte den Drachen hinterher.

„Duett-Ballett!", rief Klein-Schulze. Er rannte dem Falter hinterher und ahmte dabei die torkelnden Bewegungen des Schmetterlings nach. Das sah lustig aus, aber Baltasar war nicht nach Lachen zumute.
Bengalo stieß eine neue Feuersäule aus und schrie: „Haha! Weltrekord!"
Da schrie Baltasar auch.

König Schmidt der Zweiundzwanzigste war ebenfalls zu Fuß unterwegs. Sein Pferd hatte gescheut und ihn abgeworfen, als es erkannte, dass Drachen in der Nähe waren. Statt seinen König zu tragen, galoppierte es nun auf dem kürzesten Weg zur Burg zurück, während der König, so leise und so schnell er konnte, zwischen den Bäumen herumpirschte. Er schnupperte in einem fort und nickte immer wieder. Es roch nach Lindwürmern! Endlich würde er seinen ersten Drachen erlegen!

Schnüff! Es riecht nach Drachen!

Nehmt euch in Acht!

Auch Amelie und Baltasar rasten durch den Wald von Schmidtchen und hofften, dass sie ihre Drachenfreunde noch vor König Schmidt erreichten.

König Schmidts Drachenspürnase führte ihn direkt zu Bengalo. Der Feuerdrache hatte sich neben einer moosbewachsenen Steingruppe zusammengerollt und sah ein wenig aus wie einer von ihnen.
Aber König Schmidt konnte er damit nicht täuschen.
Ha!, dachte der Herrscher. Hab ich dich!
Er zückte sein Schwert, aber das war es auch schon.

König Schmidt pustete auf seine schmerzende Hand.
Bengalo schaute dabei zu.
Schließlich wurde er ungeduldig und fragte: „Geht's endlich weiter?"
Sein Gegner nickte ächzend.
„Ringkampf, Boxen, Judo?", erkundigte sich Bengalo.
Doch die Antwort bestand nur in einem: „Äääh …"
Der König bemerkte, dass er nicht recht wusste, wie ein Drachen tatsächlich zu erlegen war. Das war kein Wunder, schließlich hatte er noch nie mit einem gekämpft.

Er macht noch einmal: „Äääh…", spürte einen Schlag, als hätte er einen der Moosfelsen an den Kopf bekommen und fiel um.
Bengalo hatte sich fürs Boxen entschieden.
War das Spiel etwa schon vorbei? Der Feuerdrache wunderte sich und überlegte, was als Nächstes zu tun war.

Aufessen? Einlagern? Halbe-halbe?

In diesem Augenblick flatterte der Schmetterling vorbei und Klein-Schulze hüpfte hinterher.
Amelie und Baltasar waren ihm dicht auf den Fersen.
Als sie König Schmidt regungslos neben Bengalo auf dem Boden liegen sahen, stoppten der kleine Drache und die Kinder.
„Papa!", rief Amelie erschrocken.
Baltasar rief wütend: „Bengalo!"
„Alles im grünen Bereich!", knurrte der Feuerdrache.
„Pssst!" Klein-Schulze legte eine Klaue auf seine Lippen. „Er schläft!"
Amelie und Baltasar horchten. Der König schnarchte laut.

Der letzte Drachenkampf

Amelie und Baltasar hofften, dass König Schmidt nach diesem Erlebnis ein für alle Mal genug von der Drachenjagd hatte. Aber da täuschten sie sich. Nun erst recht, sagte sich der König, und weil er nicht vorhatte, ein zweites Mal den Kürzeren zu ziehen, wandte er sich an den arbeitslosen Drachenjäger Müller-Viktor.

Die Müllers waren eine alteingesessene Drachenjägerfamilie in Schmidtchen. Der erste Drachenjäger hatte Smaug Müller-Anton geheißen und einst König Schmidt, den Ersten begleitet.
Smaug Müller-Berta unterstützte König Schmidt, den Zweiten, Smaug Müller-Cäsar ging König Schmidt, dem Dritten, zur Hand und so weiter. Mittlerweile war Smaug Müller-Viktor an der Reihe, denn Viktor ist der zweiundzwanzigste Name des allgemein bekannten Buchstabier-Alphabets, und genau danach benannten sich die Drachenjäger.

Müller-Viktor freute sich mächtig darüber, dass es endlich wieder Arbeit gab. König Schmidt befahl ihm, unverzüglich die berüchtigten patentierten Müller'schen Drachenwaffen zu nehmen und mit ihm in den Drachenkampf zu ziehen.

Das ließ sich Müller-Viktor nicht zweimal sagen. Sogleich kramte er die schrecklichsten Gerätschaften hervor, die jemals auf der Welt zur Drachenjagd benutzt worden waren: den Lavendelbesen und die Fliederspritze.

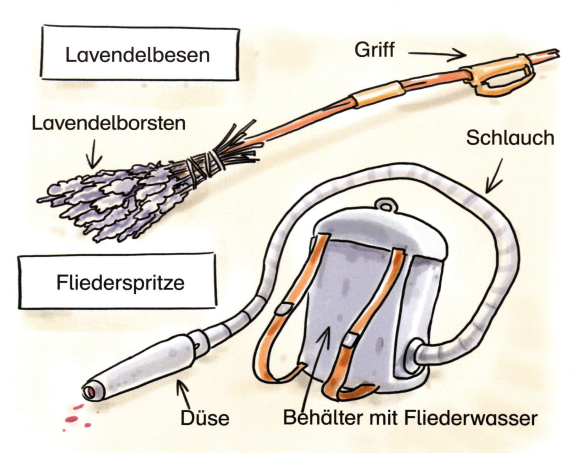

Mit dieser Ausrüstung lässt sich garantiert jeder Drache besiegen.
Es gibt nämlich nichts, was Drachen mehr fürchten, als den süßen Duft von Flieder und das Aroma von Lavendel.

Schon ein paar Tropfen Fliederwasser hauen den stärksten Drachen um und die Berührung mit einem Lavendelbesen versetzt Lindwürmer in einen Zustand, der im Vergleich selbst Meerschweinchen furchteinflößend aussehen lässt.

Grimmig zogen Drachenjäger Smaug Müller-Viktor und König Schmidt der Zweiundzwanzigste los.
Sie liefen nicht direkt in den Wald, sondern machten zwei Umwege.
Der erste führte zur Burg und das Ziel war Amelie. König Schmidt war nämlich längst sicher, dass seine Tochter mit dem Sohn des Ziegenzüchters und Drachenbeschützers unter einer Decke steckte. Niemand sonst konnte die Schulzes immer wieder zuverlässig gewarnt haben. Der König und der Drachenjäger überraschten Amelie im Burggarten und zerrten sie in ihr Zimmer. Sie zappelte und zeterte, aber es half nichts. König Schmidt verpasste ihr gnadenlos Stubenarrest.

Der zweite Umweg führte die beiden Männer zum Haus des Ziegenhändlers Schulze V. Erwartungsgemäß trafen sie dort keinen Drachen, sondern nur Ziegen an.
Der König und der Drachenjäger waren nur gekommen, um eine Fährte aufzunehmen. Sie reckten die Nasen in die Luft. Frische Drachenspuren führten in den Wald.

„Na, dann los!", rief der Drachenjäger und die zwei Männer stürmten in den Wald. Schulze V legte unterdessen dort mithilfe einer Ziege und eines verkohlten Astes falsche Fährten quer durch das Dickicht, doch die beiden Jäger konnte er damit nicht täuschen.
Baltasar versteckte sich mit Bengalo und Klein-Schulze in einer Höhle auf einer Lichtung.
Während sich der König und sein Drachenjäger immer näher an die Höhle heranpirschten, gelang Amelie mithilfe einer langen Drachenleine, die sie stets in ihrem Zimmer aufbewahrte, die Flucht aus ihrem Gefängnis.

Ich muss Papa und Müller-Volltrottel stoppen!

Die Prinzessin rannte los wie noch nie.
Es war höchste Zeit, denn König Schmidt und Müller-Viktor erreichten schon die Lichtung und erspähten den Höhleneingang. Er roch nach Ziegenstall und Feuerstelle.

Die Männer stürmten los – und wären bestimmt in die gut verborgene Grubenfalle geplumpst, die Baltasar und Amelie vor der Höhle gebaut hatten, wenn – ja, wenn Bengalo nicht ausgerechnet in diesem Moment angegriffen hätte.
Der Feuerdrache schnaubte wütend, sprang mit einem gewaltigen Satz über die Grubenfalle hinweg – und sackte zusammen. Eine satte Ladung Fliederwasser hatte ihn niedergestreckt.

Starr vor Schreck beobachtete Baltasar, was vor seinen Augen geschah. Gerade wollten die Jäger den beiden Drachen endgültig den Garaus machen – da ertönte ein Sirren.

PLÖPPPP

Es machte PLÖPP und das Fliederwasser versickerte plätschernd im Boden. Im Behälter steckte ein Pfeil.
Ein zweites Sirren riss König Schmidt den Lavendelbesen aus der Hand.
Entsetzt schauten der König und Müller-Viktor sich an.
„Weg hier!", riefen sie wie aus einem Mund, rannten los und waren im nächsten Moment wie vom Erdboden verschluckt.

Bengalo und Klein-Schulze kamen bald wieder zu sich.
Drachen sind sehr robust.
König Schmidt und Müller-Viktor aber mussten noch lange in der Grube hocken.

Schmidtchen gelangte unter der Herrschaft von König Schmidt dem Zweiundzwanzigsten bald zu neuer Blüte. Müller-Viktor schulte von Drachenjäger auf Drachenpfleger um und Bengalo und Klein-Schulze wurden eine Touristenattraktion. Wenn es sich weiter so gut herumspricht, wird Schmidtchen sicher bald auch einen Eintrag bei Wikipedia und Google Maps bekommen. Dann wisst ihr, wo es zu finden ist und könnt zu Besuch kommen. Amelie und Baltasar freuen sich darauf.

Rätsel

Wer sagt was? Kannst du die Sprechblasen den Bildern auf der rechten Seite zuordnen?

1. Achtung, Schmetterball!

2. Ich will raus!

3. Auf zur Jagd! Zu den Waffen!

4. Volltreffer!

A

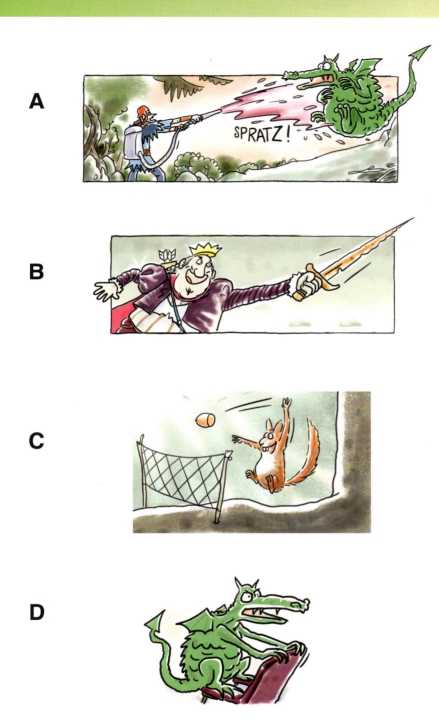

SPRATZ!

B

C

D

Lösungen: 1C 2D 3B 4A